MES RECETTES
DÉLICIEUSES

_____

_____

_____

_____

NOM DE LA RECETTE

NUMÉRO DE PAGE

NOM DE LA RECETTE

NUMÉRO DE PAGE

NOM DE LA RECETTE

NUMÉRO DE PAGE

_____
NOM DE LA RECETTE

○ APÉRITIF   ○ PLAT PRINCIPAL   ○ CASSE-CROÛTE   ○ DESSERT   ○ _____   ○ _____

PARTS   TEMPS PRÉPARATION   TEMPS DE CUISSON

PRÉPARATION

INGRÉDIENTS

NOTES

_____
NOM DE LA RECETTE

○ APÉRITIF ○ PLAT PRINCIPAL ○ CASSE-CROÛTE ○ DESSERT ○ _____ ○ _____

PARTS   TEMPS PRÉPARATION   TEMPS DE CUISSON

PRÉPARATION

INGRÉDIENTS

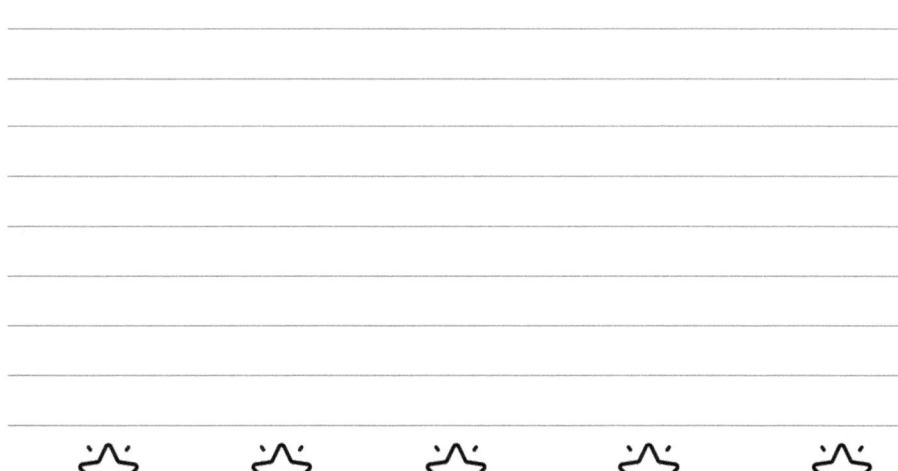

NOTES

NOM DE LA RECETTE

○ APÉRITIF ○ PLAT PRINCIPAL ○ CASSE-CROÛTE ○ DESSERT ○_____ ○_____

PARTS

TEMPS PRÉPARATION

TEMPS DE CUISSON

PRÉPARATION

INGRÉDIENTS

NOTES

NOM DE LA RECETTE

○ APÉRITIF ○ PLAT PRINCIPAL ○ CASSE-CROÛTE ○DESSERT ○_____ ○_____

PARTS **TEMPS PRÉPARATION** **TEMPS DE CUISSON**

PRÉPARATION

INGRÉDIENTS

NOTES

NOM DE LA RECETTE

○ APÉRITIF ○ PLAT PRINCIPAL ○ CASSE-CROÛTE ○ DESSERT ○ _____ ○ _____

PARTS

TEMPS PRÉPARATION

TEMPS DE CUISSON

PRÉPARATION

INGRÉDIENTS

NOTES

NOM DE LA RECETTE

○ APÉRITIF ○ PLAT PRINCIPAL ○ CASSE-CROÛTE ○ DESSERT ○ _____ ○ _____

PARTS

TEMPS PRÉPARATION

TEMPS DE CUISSON

PRÉPARATION

INGRÉDIENTS

NOTES

NOM DE LA RECETTE

○ APÉRITIF ○ PLAT PRINCIPAL ○ CASSE-CROÛTE ○ DESSERT ○ _____ ○ _____

 PARTS   TEMPS PRÉPARATION   TEMPS DE CUISSON

PRÉPARATION

INGRÉDIENTS

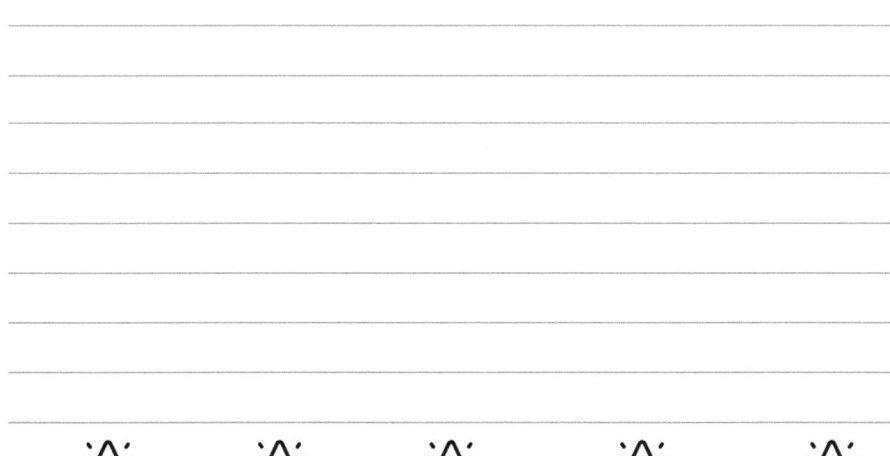

NOTES

NOM DE LA RECETTE

○ APÉRITIF ○ PLAT PRINCIPAL ○ CASSE-CROÛTE ○ DESSERT ○ _____ ○ _____

PARTS **TEMPS PRÉPARATION** **TEMPS DE CUISSON**

PRÉPARATION

INGRÉDIENTS

NOTES

_____

_____

_____

_____

_____

_____

_____

_____

_____

NOM DE LA RECETTE

○ APÉRITIF ○ PLAT PRINCIPAL ○ CASSE-CROÛTE ○ DESSERT ○ _____ ○ _____.

PARTS

TEMPS PRÉPARATION

TEMPS DE CUISSON

PRÉPARATION

INGRÉDIENTS

NOTES

NOM DE LA RECETTE

○ APÉRITIF ○ PLAT PRINCIPAL ○ CASSE-CROÛTE ○ DESSERT ○ _____ ○ _____

PARTS   TEMPS PRÉPARATION   TEMPS DE CUISSON

PRÉPARATION

INGRÉDIENTS

NOTES

_____

NOM DE LA RECETTE

○ APÉRITIF ○ PLAT PRINCIPAL ○ CASSE-CROÛTE ○ DESSERT ○ _____ ○ _____

PARTS

TEMPS PRÉPARATION

TEMPS DE CUISSON

PRÉPARATION

INGRÉDIENTS

NOTES

_____

NOM DE LA RECETTE

○ APÉRITIF ○ PLAT PRINCIPAL ○ CASSE-CROÛTE ○ DESSERT ○ _____ ○ _____

_____ **PARTS** _____

_____ **TEMPS PRÉPARATION** _____

_____ **TEMPS DE CUISSON**

PRÉPARATION

INGRÉDIENTS

NOTES

NOM DE LA RECETTE

○ APÉRITIF ○ PLAT PRINCIPAL ○ CASSE-CROÛTE ○ DESSERT ○ _____ ○ _____

PARTS   TEMPS PRÉPARATION   TEMPS DE CUISSON

PRÉPARATION

INGRÉDIENTS

NOTES

NOM DE LA RECETTE

○ APÉRITIF ○ PLAT PRINCIPAL ○ CASSE-CROÛTE ○ DESSERT ○ _____ ○ _____

_____ PARTS   _____ TEMPS PRÉPARATION   _____ TEMPS DE CUISSON

PRÉPARATION

INGRÉDIENTS

NOTES

NOM DE LA RECETTE

○ APÉRITIF ○ PLAT PRINCIPAL ○ CASSE-CROÛTE ○ DESSERT ○ _____ ○ _____

PARTS **TEMPS PRÉPARATION** **TEMPS DE CUISSON**

PRÉPARATION

INGRÉDIENTS

NOTES

NOM DE LA RECETTE

○ APÉRITIF ○ PLAT PRINCIPAL ○ CASSE-CROÛTE ○ DESSERT ○ _____ ○ _____

PARTS   TEMPS PRÉPARATION   TEMPS DE CUISSON

PRÉPARATION

INGRÉDIENTS

NOTES

NOM DE LA RECETTE

○ APÉRITIF ○ PLAT PRINCIPAL ○ CASSE-CROÛTE ○ DESSERT ○ _____ ○ _____

_____ PARTS

_____ TEMPS PRÉPARATION

_____ TEMPS DE CUISSON

PRÉPARATION

INGRÉDIENTS

NOTES

_____

NOM DE LA RECETTE

○ APÉRITIF ○ PLAT PRINCIPAL ○ CASSE-CROÛTE ○DESSERT ○ _____ ○ _____

 _____ PARTS _____

 _____ TEMPS PRÉPARATION _____

_____ TEMPS DE CUISSON

PRÉPARATION

INGRÉDIENTS

NOTES

_____

NOM DE LA RECETTE

○ APÉRITIF ○ PLAT PRINCIPAL ○ CASSE-CROÛTE ○ DESSERT ○ _____ ○ _____

PARTS   TEMPS PRÉPARATION   TEMPS DE CUISSON

PRÉPARATION

INGRÉDIENTS

NOTES

NOM DE LA RECETTE

○ APÉRITIF ○ PLAT PRINCIPAL ○ CASSE-CROÛTE ○ DESSERT ○_____ ○_____

PARTS   TEMPS PRÉPARATION   TEMPS DE CUISSON

PRÉPARATION

INGRÉDIENTS

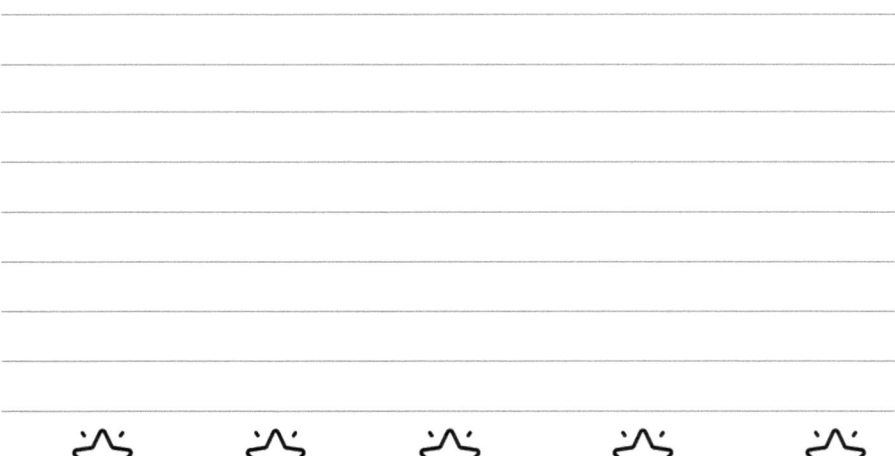

NOTES

NOM DE LA RECETTE

○ APÉRITIF ○ PLAT PRINCIPAL ○ CASSE-CROÛTE ○ DESSERT ○ _____ ○ _____

PARTS

TEMPS PRÉPARATION

TEMPS DE CUISSON

PRÉPARATION

INGRÉDIENTS

NOTES

NOM DE LA RECETTE

○ APÉRITIF   ○ PLAT PRINCIPAL   ○ CASSE-CROÛTE   ○ DESSERT   ○_____   ○_____

PARTS   **TEMPS PRÉPARATION**   **TEMPS DE CUISSON**

PRÉPARATION

INGRÉDIENTS

NOTES

NOM DE LA RECETTE

○ APÉRITIF ○ PLAT PRINCIPAL ○ CASSE-CROÛTE ○ DESSERT ○ _____ ○ _____

PARTS **TEMPS PRÉPARATION** **TEMPS DE CUISSON**

PRÉPARATION

INGRÉDIENTS

NOTES

NOM DE LA RECETTE

○ APÉRITIF ○ PLAT PRINCIPAL ○ CASSE-CROÛTE ○ DESSERT ○_____ ○_____

 PARTS TEMPS PRÉPARATION TEMPS DE CUISSON

PRÉPARATION

INGRÉDIENTS

NOTES

_____

NOM DE LA RECETTE

○ APÉRITIF ○ PLAT PRINCIPAL ○ CASSE-CROÛTE ○ DESSERT ○_____ ○_____

PARTS   TEMPS PRÉPARATION   TEMPS DE CUISSON

PRÉPARATION

INGRÉDIENTS

NOTES

_____

_____

_____

_____

_____

_____

_____

_____

_____

_____
NOM DE LA RECETTE

○ APÉRITIF ○ PLAT PRINCIPAL ○ CASSE-CROÛTE ○ DESSERT ○ _____ ○ _____

PARTS   TEMPS PRÉPARATION   TEMPS DE CUISSON

PRÉPARATION

INGRÉDIENTS

NOTES

NOM DE LA RECETTE

○ APÉRITIF ○ PLAT PRINCIPAL ○ CASSE-CROÛTE ○ DESSERT ○ _____ ○ _____

PARTS

TEMPS PRÉPARATION

TEMPS DE CUISSON

PRÉPARATION

INGRÉDIENTS

NOTES

_____
_____
_____
_____
_____
_____
_____
_____
_____

NOM DE LA RECETTE

◯ APÉRITIF ◯ PLAT PRINCIPAL ◯ CASSE-CROÛTE ◯ DESSERT ◯ _____ ◯ _____

PARTS   TEMPS PRÉPARATION   TEMPS DE CUISSON

PRÉPARATION

INGRÉDIENTS

NOTES

_____
NOM DE LA RECETTE

○ APÉRITIF ○ PLAT PRINCIPAL ○ CASSE-CROÛTE ○ DESSERT ○ _____ ○ _____

 _____ PARTS   _____ TEMPS PRÉPARATION   _____ TEMPS DE CUISSON

PRÉPARATION

_____
_____
_____
_____
_____
_____
_____
_____
_____
_____
_____
_____
_____
_____
_____
_____
_____
_____
_____
_____
_____
_____

INGRÉDIENTS

_____ _____
_____ _____
_____ _____
_____ _____
_____ _____
_____ _____
_____ _____
_____ _____
_____ _____
_____ _____
_____ _____
_____ _____
_____ _____
_____ _____
_____ _____
_____ _____
_____ _____
_____ _____
_____ _____

NOTES

_____

NOM DE LA RECETTE

○ APÉRITIF ○ PLAT PRINCIPAL ○ CASSE-CROÛTE ○ DESSERT ○ _____ ○ _____

PARTS　　　**TEMPS PRÉPARATION**　　　**TEMPS DE CUISSON**

PRÉPARATION

INGRÉDIENTS

NOTES

NOM DE LA RECETTE

○ APÉRITIF ○ PLAT PRINCIPAL ○ CASSE-CROÛTE ○ DESSERT ○ _____ ○ _____

PARTS

TEMPS PRÉPARATION

TEMPS DE CUISSON

PRÉPARATION

INGRÉDIENTS

NOTES

_____

NOM DE LA RECETTE

○ APÉRITIF ○ PLAT PRINCIPAL ○ CASSE-CROÛTE ○DESSERT ○_____ ○_____

_____ **PARTS** _____   _____ **TEMPS PRÉPARATION** _____   _____ **TEMPS DE CUISSON**

PRÉPARATION

INGRÉDIENTS

NOTES

_____

NOM DE LA RECETTE

○ **APÉRITIF** ○ **PLAT PRINCIPAL** ○ **CASSE-CROÛTE** ○ **DESSERT** ○ _____ ○ _____ .

  _____ **PARTS** _____

  _____ **TEMPS PRÉPARATION** _____

_____ **TEMPS DE CUISSON**

PRÉPARATION

INGRÉDIENTS

NOTES

_____
_____
_____
_____
_____
_____
_____
_____
_____

NOM DE LA RECETTE

○ APÉRITIF ○ PLAT PRINCIPAL ○ CASSE-CROÛTE ○ DESSERT ○ _____ ○ _____

PARTS

TEMPS PRÉPARATION

TEMPS DE CUISSON

PRÉPARATION

INGRÉDIENTS

NOTES

_____
NOM DE LA RECETTE

○ APÉRITIF ○ PLAT PRINCIPAL ○ CASSE-CROÛTE ○ DESSERT ○ _____ ○ _____

 _____ PARTS   _____ TEMPS PRÉPARATION _____ TEMPS DE CUISSON

PRÉPARATION

INGRÉDIENTS

NOTES

NOM DE LA RECETTE

○ APÉRITIF ○ PLAT PRINCIPAL ○ CASSE-CROÛTE ○ DESSERT ○ _____ ○ _____

PARTS   TEMPS PRÉPARATION   TEMPS DE CUISSON

PRÉPARATION

INGRÉDIENTS

NOTES

NOM DE LA RECETTE

○ APÉRITIF ○ PLAT PRINCIPAL ○ CASSE-CROÛTE ○ DESSERT ○ _____ ○ _____

PARTS **TEMPS PRÉPARATION** **TEMPS DE CUISSON**

PRÉPARATION

INGRÉDIENTS

NOTES

NOM DE LA RECETTE

○ APÉRITIF ○ PLAT PRINCIPAL ○ CASSE-CROÛTE ○ DESSERT ○ _____ ○ _____

PARTS　　　　**TEMPS PRÉPARATION**　　　　**TEMPS DE CUISSON**

PRÉPARATION

INGRÉDIENTS

NOTES

NOM DE LA RECETTE

○ APÉRITIF ○ PLAT PRINCIPAL ○ CASSE-CROÛTE ○ DESSERT ○ _____ ○ _____

PARTS

TEMPS PRÉPARATION

TEMPS DE CUISSON

PRÉPARATION

INGRÉDIENTS

NOTES

_____
NOM DE LA RECETTE

○ APÉRITIF ○ PLAT PRINCIPAL ○ CASSE-CROÛTE ○ DESSERT ○_____ ○_____

PARTS   TEMPS PRÉPARATION   TEMPS DE CUISSON

PRÉPARATION

INGRÉDIENTS

NOTES

_____

_____

_____

_____

_____

_____

_____

_____

_____

NOM DE LA RECETTE

○ APÉRITIF ○ PLAT PRINCIPAL ○ CASSE-CROÛTE ○DESSERT ○_____ ○_____

PARTS

TEMPS PRÉPARATION

TEMPS DE CUISSON

PRÉPARATION

INGRÉDIENTS

NOTES

_____
NOM DE LA RECETTE

○ APÉRITIF ○ PLAT PRINCIPAL ○ CASSE-CROÛTE ○ DESSERT ○ _____ ○ _____ .

PARTS   TEMPS PRÉPARATION   TEMPS DE CUISSON

PRÉPARATION

INGRÉDIENTS

NOTES

_____

NOM DE LA RECETTE

○ APÉRITIF ○ PLAT PRINCIPAL ○ CASSE-CROÛTE ○ DESSERT ○_____ ○_____

_____ PARTS   _____ TEMPS PRÉPARATION   _____ TEMPS DE CUISSON

PRÉPARATION

INGRÉDIENTS

NOTES

NOM DE LA RECETTE

○ APÉRITIF ○ PLAT PRINCIPAL ○ CASSE-CROÛTE ○ DESSERT ○ _____ ○ _____

  PARTS

  TEMPS PRÉPARATION

TEMPS DE CUISSON

PRÉPARATION

INGRÉDIENTS

NOTES

_____

_____

_____

_____

_____

_____

_____

_____

_____

NOM DE LA RECETTE

○ APÉRITIF ○ PLAT PRINCIPAL ○ CASSE-CROÛTE ○ DESSERT ○ _____ ○ _____

PARTS   TEMPS PRÉPARATION   TEMPS DE CUISSON

PRÉPARATION

INGRÉDIENTS

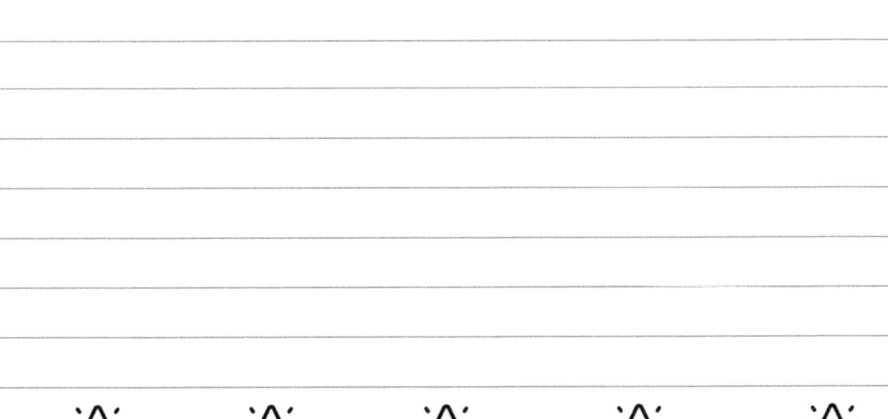

NOTES

NOM DE LA RECETTE

○ APÉRITIF ○ PLAT PRINCIPAL ○ CASSE-CROÛTE ○ DESSERT ○ _____ ○ _____

PARTS   **TEMPS PRÉPARATION**   **TEMPS DE CUISSON**

PRÉPARATION   # INGRÉDIENTS

NOTES

_____

NOM DE LA RECETTE

○ APÉRITIF ○ PLAT PRINCIPAL ○ CASSE-CROÛTE ○ DESSERT ○ _____ ○ _____

 _____ PARTS

 _____ TEMPS PRÉPARATION

 _____ TEMPS DE CUISSON

PRÉPARATION

INGRÉDIENTS

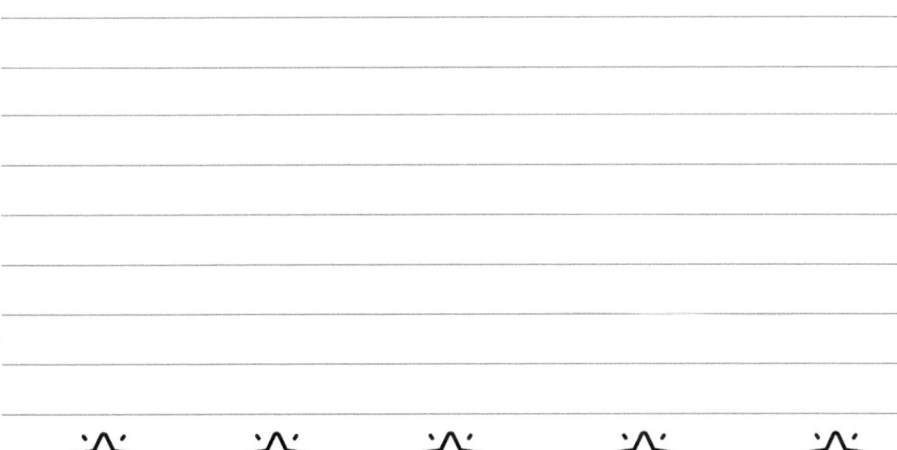

NOTES

NOM DE LA RECETTE

○ APÉRITIF ○ PLAT PRINCIPAL ○ CASSE-CROÛTE ○ DESSERT ○ _____ ○ _____

PARTS   TEMPS PRÉPARATION   TEMPS DE CUISSON

PRÉPARATION

INGRÉDIENTS

NOTES

_____

NOM DE LA RECETTE

○ APÉRITIF ○ PLAT PRINCIPAL ○ CASSE-CROÛTE ○DESSERT ○_____ ○_____

PARTS　　　　TEMPS PRÉPARATION　　　　TEMPS DE CUISSON

PRÉPARATION

INGRÉDIENTS

NOTES

_____
NOM DE LA RECETTE

○ APÉRITIF ○ PLAT PRINCIPAL ○ CASSE-CROÛTE ○ DESSERT ○ _____ ○ _____

 _____ PARTS

 _____ TEMPS PRÉPARATION

_____ TEMPS DE CUISSON

PRÉPARATION

INGRÉDIENTS

NOTES

NOM DE LA RECETTE

○ APÉRITIF ○ PLAT PRINCIPAL ○ CASSE-CROÛTE ○ DESSERT ○ _____ ○ _____ .

PARTS   TEMPS PRÉPARATION   TEMPS DE CUISSON

PRÉPARATION

INGRÉDIENTS

NOTES

IMPRESSUM

Feedback:
feedback@mertens-publication.de

Édition : BoD – Books on Demand,
12/14 rond-point des Champs-Élysées, 75008 Paris.
Impression : BoD - Books on Demand, Norderstedt, Allemagne

ISBN: 978-2-3221-0150-4

1. Auflage

2018 Mertens Verlagsgruppe

Mertens Ventures Ltd.
Tefkrou Anthia No 2
Office 301
6045 Larnaca
Zypern

Icons by Freepik at www.flaticons.com
E-Mail: kontakt@mertens-publication.de